DE

L'INFLUENCE SALUTAIRE

DE LA

RELIGION CHRÉTIENNE,

DE L'AFFERMISSEMENT DE L'AUTORITÉ ROYALE

ET DES BONNES ÉTUDES,

SUR LA

PROSPÉRITÉ DE LA NATION FRANÇAISE.

DISCOURS

Prononcé à l'ouverture des Cours du Collége royal de Poitiers, le 4 Novembre 1817.

Sermo erit de optimo statu civitatis, et de optimo cive : magnus locus orationi proprius. . . .

CICERO ad Quint. fratr. III.

A POITIERS,

CHEZ CATINEAU, IMPRIMEUR-LIBRAIRE.

1818.

AVERTISSEMENT.

Quoique l'on ne soit pas en usage de faire imprimer tous les discours qui sont prononcés à la clôture ou à l'ouverture des classes, quel que soit le mérite qui les distingue, on a cru cependant devoir faire quelquefois une exception en faveur de ceux qui traitent d'une matière qui est ou la continuation ou le supplément de l'utile et solide instruction que l'on doit à la Jeunesse... C'est d'après cette seule considération que l'auteur de ce discours s'est déterminé à le publier.

Le sujet qu'il y traite roule, ainsi que l'annonce son épigraphe tirée de Cicéron, sur les principes qui contribuent le plus à faire régner le bon ordre dans les états, et à former le bon citoyen..... C'est là sans contredit un sujet très-propre à l'éloquence, comme l'observe très-bien l'Orateur romain; mais en même temps ce sujet est si vaste, si fécond, si important, que, pour l'approfondir comme il faut, il eût fallu sans doute un espace moins resserré que celui qui est assigné par les bienséances à un discours de cérémonie... Voilà pourquoi on s'est d'abord livré à l'idée de convertir ce discours en une dissertation en forme, et par conséquent très-étendue: nous avouerons même que nous avons travaillé pendant quelques jours sur ce plan-là;

1*

mais ensuite nous avons abandonné le projet, et même sans regret, sur-tout lorsque nous avons pensé que le bon esprit des lecteurs réfléchis qui daigneront nous lire, suffira pour donner au germe de nos idées tout le développement dont elles sont susceptibles.

On a eu soin de faire imprimer ce discours dans le même format que les *Vues générales et sommaires sur le perfectionnement des Études, parce que les principes établis dans ce discours sortent en quelque sorte de tous côtés de l'étude raisonnée de nos annales ; or cela contribuera peut-être à faire mieux sentir la vérité de ce que nous avons déjà dit :* « que l'histoire, bien professée dans un cours » de perfectionnement, peut devenir une école im- » portante de morale et de saine politique mise à » la portée des jeunes gens. » (*)

(*) Voyez Vues générales et sommaires sur le perfectionnement des Etudes dans les grands établissemens d'Instruction publique, article *Cours de Rhétorique supérieure*, page
109.

A Paris, chez M. Eymery, libraire, rue Mazarine, n.º
30, et à Poitiers, chez M. Catineau, imprimeur-libraire.

DISCOURS

Prononcé le 4 Novembre 1817, dans la Chapelle du Collége royal de Poitiers.

MESSIEURS,

Ce n'est pas sans une certaine émotion mêlée de respect que j'entreprends de parler aujourd'hui dans ces lieux augustes.....
C'est ici en effet que l'on a constamment professé cette salutaire doctrine, « que la
» félicité et la grandeur réelle des peuples,
» pour être durable, devait reposer tout-
» à-la-fois sur la morale chrétienne, sur
» l'autorité royale affermie et réglée par
» des lois, et sur les bienfaits d'une instru-
» ction publique sagement dirigée. »
Cette doctrine est pleine de vérités qui parlent assez haut d'elles-mêmes sans doute;

mais, si l'on osait encore douter de leur sagesse et de leur importance ; mais, s'il était encore des hommes assez indifférens au bien public et à leur propre bonheur pour ne vouloir ni les écouter, ni les comprendre, ah ! qu'ils se réveillent du moins au bruit affreux de la chute des états et des gouvernemens qui ont eu le malheur et l'imprudence de ne pas s'attacher avec force à ces vérités salutaires pour en faire l'appui le plus solide de leur existence !...

Persuadé que ces vérités du premier ordre ne sauraient être ni trop méditées, ni trop répandues, puisque c'est par elles que les peuples sont menés à leur félicité et à leur gloire véritable, j'ai cru devoir en faire le sujet du discours que réclame la solennité du jour qui nous rassemble de nouveau sous ces voûtes sacrées..... C'est pourquoi essayons, si cela nous est possible, de donner une idée juste d'une doctrine aussi instructive ; et pour qu'elle acquière une force plus imposante, pour qu'elle puisse intéresser et réveiller encore mieux les exprits, fesons-la sortir des faits et des témoignages de notre propre histoire.

Ceux qui, embrassant nos annales dans

toute leur étendue, sont remontés au ber-
ceau de la nation française, n'ont pas oublié
sans doute que la société, chez nos ancêtres,
ayant commencé par la plus affreuse barbarie, n'en serait jamais sortie pour arriver
à la civilisation, sans la toute-puissance de
la morale chrétienne, véritable source des
vertus sociales, sans l'affermissement de l'autorité royale, ce grand appui de l'ordre
public, et sans les études de la jeunesse bien
dirigées, que tous les bons législateurs ont
toujours considérées comme l'une des prin-
cipales causes de la prospérité et de l'éclat
des nations. (1)

C'est en vain que le plus illustre des histo-
riens de l'antiquité, *Tacite*, s'est plu à nous
offrir sous le jour le plus favorable les mœurs
féroces de ces antiques Germains dont les
Français de nos jours sont pour la plupart
la postérité civilisée ; on n'en voit pas moins

---

(1) Ces trois vérités bien comprises sont très-cer-
tainement un des fruits les plus solides que l'on puisse
retirer de l'étude réfléchie de nos annales : c'est pourquoi, dans nos leçons sur la partie de l'histoire qui est
attachée à notre cours, nous aurons soin d'insister
beaucoup sur ces vérités importantes.

à travers les fortes couleurs de son pinceau admirable, la physionomie farouche et dure de nos sauvages aïeux, lorsque, sans demeure fixe et sans cultiver la terre, ils erraient dans les forêts de l'antique Germanie, loin de cet ordre social sans lequel l'existence des hommes est affreuse.

Quelle religion, en effet, que celle des Germains primitifs! quelles lois! quel gouvernement! quelles mœurs! quelle nation enfin!

La religion de ces peuples n'était pas même dirigée par cette lumière naturelle qui seule apprend à l'homme qu'il existe un Dieu infini en puissance et en vertu, moteur universel de l'Univers, père commun de tous les hommes, voyant leurs pensées et leurs actions pendant la vie, et les jugeant en arbitre suprême après la mort.

Placés à une distance immense du seul peuple, le peuple juif, qui par la majesté de son culte et la beauté de ses idées morales, était alors sans contredit l'ornement de la terre, les Germains étaient si dégradés que, dans le culte barbare où s'égarait leur raison, ils osaient adorer leur *Wodam*, c'est-à-dire un dieu féroce comme eux-mêmes.... L'acte principal d'un tel culte était, à certains jours, de sacrifier solennellement des hommes à des divinités dont la figure épouvantable, qui semblait sortir des enfers, glaçait d'effroi les cœurs les plus intrépides ; de sorte que l'atrocité d'un tel culte ajoutant sans cesse à la férocité des caractères, dénaturait les hommes au lieu d'en adoucir et d'en perfectionner les mœurs, ce qui est le grand objet du culte le plus agréable au maître du monde. (2)

---

(2) Il y a loin, il faut en convenir, de ce culte affreux à celui où, comme le dit *Massillon*, « un » prêtre vénérable, digne organe et disciple du plus » aimable et du plus divin des législateurs, supplie » l'Etre suprême de réconcilier le ciel avec la terre, » en inspirant aux hommes ces sentimens de justice, » de modération, d'humanité, de résignation et de » patience, sans lesquels il ne peut y avoir ni paix » ni société parmi les hommes. »... Encore une fois, comparez ce culte des anciens Germains, où, sur un autel barbare, semblable *à cette grande Pierre-Levée* que l'on voit près de *Poitiers*, on répandait le sang humain aux acclamations d'une populace féroce ; comparez, dis-je, ce culte épouvantable à celui où un ministre sacré enseigne avec la morale sublime de l'Evangile la règle des devoirs et l'ordre social, et vous sentirez ce que l'on doit de respect et de reconnaissance à la morale évangélique.....

Divisés d'abord en familles et ensuite en tribus, ennemis les uns des autres, et toujours en guerre, ces peuples, tels que les *Saliens*, les *Ripuaires*, les *Francs*, etc., etc., se traitaient entr'eux avec une férocité digne de sauvages étrangers à tout sentiment d'humanité, n'ayant d'autres ressources que la dévastation et la guerre.

Avides de cette indépendance qui, naturellement ennemie des lois, mène les peuples à l'insubordination, et qui de l'insubordination les précipite dans tous les désordres de la licence, les Germains ne sentaient pas même (ce qui est un autre genre de barbarie) le besoin d'être sagement gouvernés. Ils consentaient bien à obéir à un chef militaire pour les conduire à ces expéditions sanguinaires qui, même dans une guerre juste, sont toujours le fléau et le tourment de l'humanité ; mais, la guerre finie, ils ne voulaient plus ni respecter ni reconnaître cette autorité royale que la politique éclairée à toujours regardée comme indispensable pour maintenir la tranquillité des sociétés humaines, c'est-à-dire, pour forcer chacun à se soumettre aux lois de la justice et du bon ordre.

Plongés dans l'anarchie la plus sauvage, et vilement courbés sous le joug de l'ignorance la plus grossière, ils cultivaient si peu leur esprit, que non-seulement ils n'avaient pas dans leur jargon barbare ce mot aimable d'Apollon et des Muses, considéré comme le noble et doux emblème de la civilisation et des beaux-arts, mais ils n'avaient pas même de mot pour exprimer ce que les peuples tant soit peu civilisés entendent par *étude* ou par *éducation*. Etrangers à toute idée d'un monde intellectuel, ayant sur-tout pour maxime principale qu'il n'y a d'autre droit que celui du plus fort, ils ne cessaient d'exercer entr'eux ou contre leurs voisins les plus horribles violences. (3)

(3) Ce que nous disons des anciens Germains est démenti par ce qu'en dit *Tacite*; mais il est avéré que cet historien, d'ailleurs si véridique, s'est plu, en traçant les mœurs des peuples de la Germanie, à beaucoup embellir les barbares, pour mieux faire rougir les Romains de la corruption profonde où ils étaient tombés : c'est comme *J.-J. Rousseau*, qui, plein de haine pour les abus de l'état social, s'est plu aussi à beaucoup exalter l'homme sauvage, pour mieux déprimer l'homme civilisé.

Au reste, notre opinion sur les Germains est celle

Mais laissons là les tristes et arides champs de la Germanie, où tout était confusion et désordre, parce qu'on y vivait sans morale, sans lois, sans lumières, et où, pour me servir des expressions assez remarquables de l'un de nos poëtes modernes,

> Où tout était désert, même aux lieux habités.

Franchissons à-la-fois l'intervalle des temps et des lieux ; transportons-nous à cette époque si mémorable, où les *Francs*, l'une des plus illustres et des plus redoutables tribus de la Germanie, sortant de leurs sauvages climats, se rapprochent à la fin de ce foyer de civilisation que les lois romaines et que la religion chrétienne sur-tout avaient allumé dans les Gaules.....

Voyez-vous comme tout se brouille en Occident vers le cinquième siècle, et ra-

---

d'un homme qui voyait les peuples, non dans son imagination, mais dans les faits bien avérés de leur histoire. *Bodin*, dans son *Traité de la Méthode d'étudier l'Histoire*, parle des peuples de la Germanie comme de vrais sauvages semblables à ceux de l'Amérique : *Brotier*, l'un des meilleurs commentateurs de Tacite, tient le même langage.....

mène sur la scène du monde une de ces terribles révolutions faites pour mortifier l'orgueil de ces états dominateurs, qui, tels que celui des Romains, ont la faiblesse de vouloir asservir tous les autres! Déjà des aggrégations immenses de sauvages ou de barbares connus sous le nom de *Goths*, de *Vandales*, de *Bourguignons*, etc., etc., ont attaqué, ébranlé vers le midi de l'Europe le corps immense de l'Empire romain. Ce colosse, trop grand pour se soutenir, touche à sa ruine totale : il faut, pour expier sa grandeur et son ambition excessive, qu'il tombe et qu'il périsse sans ressource. Excités par l'exemple des premiers Germains qui ont tracé la route et qui déjà ont appris à briser la puissance romaine, les *Francs*, poussés par leur humeur belliqueuse, et enhardis par l'espoir du butin, franchissent le *Rhin* à leur tour, et s'étendent en vainqueurs dans le nord des Gaules... *Clovis*, qu'ils mettent à leur tête, justifie ce choix en achevant la révolution commencée par ses ancêtres. Plus heureux ou plus habile que ceux qui l'ont précédé, vainqueur des légions romaines près de *Soissons*, victorieux à *Tolbiac* des autres barbares qui accouraient sur ses traces pour lui disputer sa proie, triomphateur d'*Alaric* et des *Visigots* dans les plaines de *Vouillé* près *Poitiers*, *Clovis* éternise sa mémoire par un grand événement; car il fonde une célèbre et vaste monarchie, et, remplissant en entier ses grandes destinées, il affermit ses conquêtes, il gagne l'esprit des peuples en soutenant la foi catholique; et c'est ainsi qu'il donne le nom de la puissante tribu des *Francs* qu'il commande, à tout ce vaste pays des Gaules que les Romains dégénérés n'étaient plus en état de gouverner et de défendre.

Arrêtons-nous un moment à cette époque vraiment mémorable, et donnons-nous ici le spectacle de tout ce que peuvent à la longue pour la dignité de l'homme, pour l'affermissement de l'ordre social et pour le bonheur réel des peuples, l'influence de la morale chrétienne, celle des bonnes lois et des bonnes études.

Les *Francs*, devenus chrétiens, soutinrent assez mal, il est vrai, la dignité du titre auguste que leur avait conféré la cérémonie sainte de leur baptême... Ils conservèrent très-long-temps encore dans toute son énergie ce caractère de férocité native qu'ils

avaient contracté dans la Germanie toute
payenne. Long-temps les princes eux-mêmes,
oubliant un peu trop qu'ils doivent être les
modèles du peuple, et que leurs exemples,
bons ou mauvais, règlent ou dérèglent les
mœurs publiques, ne suivirent sur le trône
que leurs passions turbulentes et féroces ,
et que les ténèbres qui en sont inséparables.
Mais à la fin, tel que l'Esprit divin qui, souf-
flant sur la face de l'abyme, parvint à dissi-
per le chaos, l'esprit de l'Evangile fit naître
insensiblement des idées de morale dans le
cœur de tous ces princes barbares : alors
cet empire sur les passions, qui est la grande
difficulté de la vertu elle-même, leur parut
moins difficile et pénible.! Subjugués par
l'ascendant irrésistible des vertus et des
lumières d'un clergé (4) qui prêchait en fa-

----

(4) L'Eglise gallicane avait dès ce temps-là un très-
grand nombre de prélats qui en commençaient la gloire,
tels que les *Remi*, les *Vaast*, les *Médard*, etc., etc.,
etc. La vénération des peuples les mit au rang des saints,
et ce fut avec raison ; car l'apothéose était bien due
à des évêques dont la haute vertu fut si utile à la
patrie, puisqu'elle humanisa le cœur des princes dé-
stinés à régner, et qu'elle éclaira leur esprit sur leur

veur de la patrie la morale évangélique avec le zèle pur et l'onction persuasive des apôtres, ces *Francs* si durs, si ignorans, si peu civilisés, parvinrent peu-à-peu à ouvrir leur ame à ces nobles et touchantes maximes d'humanité, de justice, d'ordre et de paix dont l'Evangile est rempli ; et dès ce moment on vit briller l'aurore de la civilisation française... Ses premiers progrès furent ralentis sans doute par les obstacles qu'ils trouvèrent dans l'indiscipline des passions et dans la barbarie invétérée des conquérans des Gaules ; mais dans la suite on eut le bonheur de voir tout ce que la morale évangélique peut faire de grand et de salutaire pour la félicité des états, puisque par elle la *France* s'éleva au plus haut point de civilisation où il soit donné à un peuple d'atteindre... En effet, la prédication de l'Evangile, en imprimant dans les ames ces sentimens de justice universelle qu'elle seule sait bien inspirer, contribua beaucoup au bien de l'humanité et à l'ordre public ; et parlant de plus près

---

véritable intérêt, qui était de gouverner leur peuple selon les lois de la justice...

et sur-tout plus universellement au cœur des peuples, que la philosophie des *Socrate*, des *Platon*, des *Sénèque* et des *Marc-Aurèle*, l'Evangile montra toute sa divinité, sa grandeur et son excellence, en apprenant aux nations « que, dans l'ordre des desseins de » la Sagesse éternelle, l'homme n'est pas » fait pour lui seul, qu'il doit agir envers » les autres comme il voudrait qu'ils agis- « sent envers lui, et que, pour montrer » qu'on aime Dieu, il faut aimer son pro- » chain et ses semblables, et remplir par » conséquent auprès d'eux tous les devoirs » prescrits par la justice, l'humanité et la » bienfesance... » Ce fut donc la gloire de la morale chrétienne de révéler aux hommes les véritables devoirs que Dieu a établis lui-même, afin d'établir par eux l'ordre et la paix sur la terre; et pour que rien ne manquât à cette gloire, tout fut appelé à la connaissance de cette divine philosophie, les bourgs comme les villages, les villages comme les villes, les villes comme les capitales, les monarques comme les peuples..... Grâce à l'une de nos plus belles institutions religieuses, le Souverain, en prenant possession du sceptre, entendit à la fin ce

2

noble et touchant langage de la bouche
d'un pontife, digne organe à-la-fois de
l'Evangile et de la Patrie : « Le Prince, dit
» *S. Paul*, est le ministre de Dieu pour le
» bien de l'Etat; (5) les rois ne sont donc
» élevés sur le trône que pour le bien des
» peuples. Ils ne sont rois que pour les con-
» duire et les gouverner, c'est-à-dire pour
» faire régner la justice le bon ordre et la
» paix : ainsi être roi, c'est être consacré
» au bien public; c'est là le fondement de
» leur élévation, de leur autorité, et le plus
» beau caractère de leur grandeur suprême.
» En un mot, les rois se doivent à tous,
» parce que tous leur sont confiés : il est
» comme impossible de séparer seulement
» en idée le Souverain d'avec le corps de
» l'Etat, puisqu'il doit en être en quelque
» sorte l'ame et l'esprit, de sorte que l'on
» trouverait plutôt une différence d'inté-
» rêt entre la tête et le corps, qu'entre le
» Roi est son Peuple. (6)

---

(5) Dei minister in bonum. *S. Paul ad Rom.*, ch.
13, vers. 4.

(6) L'Ecriture sainte, dit *Bossuet*, est admirable
en toutes choses, mais sur-tout dans l'excellente poli-

Dirigés par ces sages maximes, les souve-
rains commencèrent à sentir que pour aller

---

tique qu'elle renferme, lorsqu'elle dit aux gouvernemens : *« Soyez justes, car c'est là ce qui fait votre
sureté, votre gloire. »* Mais en s'occupant des rois,
ajoute Bossuet, l'*Ecriture sainte* ne perd pas de vue
les peuples ; car elle leur dit par la voix des *Apôtres*
mêmes : *« Soyez soumis à toute puissance humaine :
Subjecti estote omni humanæ potestati, »* parce que
cette obéissance vaut un peu mieux que les malheurs
inséparables des discordes et des guerres civiles.
Mais faut-il conclure de ces paroles, que l'*Ecriture
sainte* préconise l'esclavage et l'autorité absolue? Nul-
lement ; car elle ne cesse de rappeler aux gouvernemens leurs immenses devoirs envers les peuples : sans
cesse elle leur signale le *naufrage élevé* qui les attend
tôt ou tard sur le dangereux écueil où les plaça leur
imprudence despotique ! Au reste, pour voir avec quel
soin la *Religion chrétienne* s'occupe à mettre un frein
à l'autorité arbitraire, écoutez-la, quand elle parle par
l'organe de *Fénélon* dans les *Directions pour la Con-
science d'un Roi;* par celui de *Massillon* dans les
sermons du *Petit-Carême*, et par la plume de *Duguet*
dans le bel ouvrage de l'*Institution d'un Prince ;* et
l'on connaîtra pour-lors que tous ce qui a été dit chez
les anciens et les modernes, dans les écrits philosophi-
ques, dans les académies, dans les tribunes des assem-
blées politiques, est bien faible, ou plutôt ne fait que
languir auprès des hautes, des fortes et sages leçons
que la philosophie et l'éloquence chrétienne ont don-

héroïquement et chrétiennement à leur intérêt particulier, il fallait aller à l'intérêt
général... Cet amour des rois pour la justice et les lois, donne peu-à-peu de la
royauté l'idée juste et sublime qu'il faut
en avoir : plus on s'avança vers la sagesse
et les solides lumières, plus on découvrit
dans la dignité royale une institution aussi
sacrée, aussi salutaire que la loi, et par
conséquent aussi nécessaire qu'elle pour
l'ordre public...

Enfin, pour contribuer de toute manière
à ressusciter cet esprit vivifiant qui était si
nécessaire pour retirer la société de l'état
de dissolution et de ruines où l'avait précipi-
tée l'invasion des barbares, la Religion chrétienne s'honora de présider à la renaissance
des lettres, en les dirigeant vers leur véritable objet, qui est la civilisation des peuples. C'est en effet sous ses auspices et par
elle que l'on vit reparaître, refleurir et se
perfectionner ces écoles que les Romains

---

nées aux peuples et aux gouvernemens qui ont été insti-
tués pour les conduire, pour les défendre et les rendre
heureux.

avaient eu la sagesse d'instituer chez nos pères, et que les conquérans barbares des Gaules avaient eu la stupidité de dédaigner, de bouleverser et de dissoudre ; c'est encore sous ses auspices que des hommes sages, éclairés et paisibles, seuls dignes de préparèr alors les destinées glorieuses de la nation, fuyant devant cet immense torrent d'ignorance qui menaçait d'inonder toute l'Europe, allèrent se refugier dans les cloîtres pour y rallumer dans le calme ce feu sacré des arts et des lettres qui allait s'éteignant par-tout ailleurs au sein des terribles orages qui agitaient alors le monde. Dépositaires des véritables trésors de l'antiquité, je veux dire de tous les écrivains excellens des siècles lumineux de la Grèce et de l'Italie échappés à la faux du temps et des barbares, les monastères leur ouvrirent un sûr et honorable asile : c'est là que fut imprimé aux esprits ce mouvement ralenti, traversé quelquefois, mais jamais détruit, qui devait par la suite les rendre si féconds en les portant peu-à-peu dans ces sentiers admirables du vrai et du beau, où les Français devaient un jour acquérir tant de grandeur et de renommée, sur-tout dans le siècle immortel et unique de *Louis XIV*. C'est donc au sein de ces monastères antiques, dont le souvenir sera toujours cher aux amis éclairés de l'Eglise, des sciences et de la Patrie, que fut d'abord rallumé et ensuite conservé ce flambeau des lettres, dont l'éclat a été si pur, si brillant jusqu'à l'époque (7) où, passant de la main des sages dans des mains beaucoup trop imprudentes, ce flambeau, au lieu de répandre une clarté heureuse et pure, ne jeta plus qu'une lueur trompeuse, plus capable d'égarer que de conduire.

Remontez maintenant, estimables Elèves, à la source et sur-tout aux bases de la civilisation française, et vous apprendrez

---

(7) On n'a point oublié que l'abus des lettres fut porté si loin à certaines époques, qu'une académie en France se crut forcée de mettre en problème si les lettres avaient plus contribué à épurer les mœurs qu'à les corrompre : on se rappelle sur-tout le célèbre paradoxe avec lequel un grand écrivain essaya de résoudre le problème, en attribuant faussement aux lettres les défauts et les vices de ces sortes d'esprits qui n'écrivent que pour plaire à un public déjà dépravé.

à vous convaincre qu'elles ont été fondées, affermies, étendues par l'adoption que firent nos pères de la Religion chrétienne , par leur respect raisonné pour l'autorité royale bien constituée, et par l'importance qu'ils mirent à l'instruction publique ouverte à leurs enfans.

Voilà des vérités importantes proclamées par la voix même de l'histoire, que l'instruction publique doit perpétuer , que les législateurs et les rois , que les hommes faits et les jeunes gens ont intérêt de ne jamais oublier... C'est pourquoi n'oublions jamais que la morale chrétienne est la grande puissance qui travaille à la félicité générale, par l'influence salutaire qu'elle seule peut bien exercer sur les ames , c'est-à-dire par les sentimens de justice, d'humanité et de grandeur qu'elle inspire.

N'oublions jamais que l'autorité royale, affermie et réglée comme elle doit l'être, est tellement nécessaire, qu'on voit dans notre histoire l'ordre public naître, mourir et renaître avec elle. (8)

---

(8) L'autorité royale est établie pour être la volonté ferme et puissante des lois, mais des lois représen-

N'oublions jamais que la splendeur et les forces réelles d'une nation s'accroissent ou s'affaiblissent selon les différens caractères que l'éducation imprime aux opinions et aux mœurs de la jeunesse.

N'oublions jamais enfin que ces principes régulateurs doivent être notre guide et notre lumière, parce qu'il n'appartient qu'à ces mêmes principes de faire sortir les états du sein tumultueux des révolutions, de leur donner des formes régulières et durables, et de faire luire sur eux des jours purs, brillans et sereins.

Croissez, jeunes Elèves, pour jouir longtemps de ces beaux jours, et sur-tout pour

---

tant la volonté éclairée et protégeant l'intérêt de tous. Une institution de ce genre ne saurait être ni trop respectée, ni trop chérie; ainsi exercée, elle a rendu les plus grands services au peuple français, sur-tout à deux époques célèbres... Dans la première, l'autorité royale, rentrée dans ses droits, sauva le peuple de la tyrannie des grands vassaux élevés sur les débris du trône; dans la seconde, et principalement sous *Charles V*, elle sauva le peuple de sa propre tyrannie, c'est-à-dire de l'anarchie populaire. Elle fut donc alors ce qu'elle doit toujours être, je veux dire le pouvoir suprême de la raison, de la justice, de l'ordre public et des lumières.

y contribuer : mais, pour apprendre à y contribuer avec gloire, rentrez avec autant d'empressement que de reconnaissance et de respect dans ces lieux déjà témoins de vos succès, dans ces lieux ornés de tous les caractères qui rendent l'éducation publique utile et chère à la Patrie, et où de sages et habiles administrateurs vous inspirent, avec les soins éclairés et paternels des *Rollin*, ces maximes de sagesse faites pour être la source et le sûr garant du bonheur de l'Etat, de vos familles et de vous-mêmes.

Admis à recueillir, à des époques solennelles, des principes de morale et de goût dans les exhortations du chef de cette Académie, qui ne voit rien de plus beau dans ses fonctions importantes que d'avoir à vous tracer vos véritables devoirs, suivez sans variation et sans relâche l'utile diréction qu'il vous donne ; et pour bien remplir ses vœux et récompenser nos travaux, efforcez-vous par d'excellentes études à ramener, si cela est possible, ce temps, l'un des plus héroïques de notre monarchie, où les *Français furent grands*, puisqu'ils eurent la gloire de créer par leurs talens une des époques les plus mémorables de nos annales et de celles de l'esprit humain.

Mais, pour remplir de si hautes destinées, il ne faut pas vous le dissimuler, estimables Elèves, il faut avoir la noble hardiesse et le mérite de marcher sur les traces de ces ames héroïques qui, sans penser si les hommes sont ingrats ou reconnaissans, n'en consacrent pas moins leurs services et leur zèle au bien de la Patrie. Animez-vous, à leur exemple, de cette vive émulation qui est en quelque sorte l'ame de notre ame;... secondez de toutes vos forces la Patrie, qui cherche aujourd'hui dans les vertus et les talens de la génération qui s'élève, une consolation et des ressources dans les malheurs qui l'affligent encore.

Sensibles à sa douleur, encouragez-vous à lutter contre le malheur des temps, en fixant vos regards sur le spectacle héroïque qui fut donné jadis par les deux peuples les plus célèbres de l'antiquité, et que nos pères eurent la gloire de faire revivre dans l'un des plus terribles orages qui ait jamais désolé la France. Rappelez-vous donc que lorsque l'adversité vint épuiser tous ses traits sur la ville de Minerve et de Romulus ; rappelez-vous encore que lorsque cette même adversité vint aussi accabler la France de toutes ses rigueurs sous le règne orageux de Charles VII, (9) sans doute

---

(9) Qui ne connaît pas la conduite héroïque et ferme des Grecs et des Romains, lorsque Athènes fut envahie par les *Perses*, et *Rome* par les *Gaulois*? Mais ce que l'on connaît beaucoup moins peut-être, c'est tout ce que l'on fit en France sous le règne désastreux de *Charles VII*. Ce prince, presque enseveli sous les débris du trône, découragé par ses malheurs, mais heureusement dominé par des hommes et des femmes noblement passionnés pour la gloire et le salut du royaume, se retira d'abord dans le centre de la France à Bourges, ensuite à Poitiers, où on lui persuada de faire tête à l'orage... Enhardie par la présence de son Roi, l'élite des Français se rallia autour de sa personne ; la noblesse française (et c'est une justice qu'il faut lui rendre) se montra résolue à tout entreprendre et à tout endurer, plutôt que de souffrir l'asservissement de la France ; et ce trait l'a immortalisée dans les fastes de la chevalerie et du patriotisme. D'autres amis de la Patrie parurent, il est vrai, à Paris et ailleurs dans le rang des Français égarés et emportés par la violence et les malheurs de ce temps-là ; mais, en y modérant l'effervescence des esprits, ils n'en servirent

les champs, les villes, tout fut ravagé ; mais, comme on l'a observé avant nous, les véritables ressources des Grecs, des Romains, des Français, ne furent point anéanties... Les Grecs dans *Salamine*, les Romains au *Capitole*, les Français dans cette même ville où j'ai l'honneur de parler aujourd'hui, unis par l'amour de la Patrie comme une seule famille, se portèrent par un mouvement héroïque vers l'intérêt public, et dès ce moment Athènes, Rome et la France furent sauvées...

« Que l'ame de l'homme est belle à con-
» sidérer, disait d'Aguesseau, lorsque, s'é-
» levant au-dessus de ce vil et fatal égoïsme
» qui rend indifférent à la Patrie, et même
» ennemi, elle est disposée à tout entre-
» prendre pour la cause commune ! »

---

pas moins utilement la Patrie. Au reste, en étudiant bien l'esprit de cette époque, l'une de celles où nos pères ont été les plus malheureux, la jeunesse, pour qui on fait principalement cette note, verra que, si la France sortit alors de l'abyme épouvantable où elle était tombée, ce fut par l'union de tous les Français et par le retour aux bons principes, qui seuls peuvent rendre l'union sincère et durable.

Puissent ces paroles d'un grand homme qui aimait si vivement le bien public, allumer en vous un amour ardent pour la Patrie!... puissent-elles vous pénétrer de bonne heure de cette vérité, « que le salut » de l'Etat est le salut de chaque citoyen, » puisque c'est la Patrie qui nous conserve » tout ce que nous aimons dans nos autres » biens!... »

Epris, comme le disait encore d'Aguesseau, « de cette sainte ambition qui veut » rendre à la Patrie encore plus que nous » n'avons reçu d'elle, repoussez toujours » comme indigne d'une ame grande et gé-» néreuse, cette misérable idée que c'est » être habile de ne vivre que pour soi et » dans soi-même... »

Nés pour la Patrie, placez au contraire les plus nobles plaisirs de votre âge à cultiver pour elle tout ce que vous avez d'intelligence et de talens; faites voir ainsi toute l'influence salutaire qu'exerce déjà sur la jeunesse française un Monarque qui, avec toute son auguste famille, s'est tellement lié, confondu avec la Patrie, que l'on dirait qu'il soit devenu une même chose avec elle. C'est par là que vous contribuerez aussi à porter votre siècle au rang où il doit remonter ; c'est par là que vous ferez tomber cette maxime, « que l'esprit » d'une nation vieillit comme tout le reste, » et qu'il tombe aussi dans l'affaissement et » la décadence. »

C'est pourquoi, estimables Elèves, aspirez virilement à la gloire de pouvoir faire obtenir un jour au peuple français ce bel éloge que l'un des plus grands poëtes de l'ancienne Rome donnait aux Romains victorieux d'Annibal, lorsqu'il disait d'eux dans ses vers admirables : « Semblable au chêne » vigoureux qui renaît sous la hache qui » le dépouille, ce peuple se reproduit au » milieu des débris, et reçoit du fer même » qui le frappe une force nouvelle : *Duris* » *ut ilex tonsa bipennibus per damna, per cae-* » *des, ab ipso ducit opes, animumque ferro...* » Vous luttez contre lui, il se relève avec » gloire de sa chute : *LUCTERE, multa pro-* » *ruet integrum cum laude victorem...* Vous » le submergez, et il reparaît plus beau : » *Merses profundo, pulchrior evenit.* (10) »

----

(10) *Horat., od. IV, lib. IV, vers.* 57.

Mais, pour qu'un peuple opère ce pro-
dige, c'est-à-dire pour qu'il revienne triom-
phant de ses calamités et de ses erreurs,
il faut qu'il s'attache à bien apprécier et
à suivre cette importante maxime : « C'est
» que les destinées d'une nation, pour être
» à l'abri des révolutions et des orages ,
» doivent être constamment attachées à
» cette longue chaîne d'institutions mora-
» les, politiques et scientifiques qui per-
» pétuent chez les hommes l'empire de
» la morale chrétienne, celui des bonnes
» lois et des solides lumières; ... » car c'est,
n'en doutons point, sur ces trois bases fer-
mes et sacrées que s'est élevé en France
l'édifice social, quand il a été florissant,
heureux et paisible, comme nous avons
essayé de le démontrer dans ce discours
par l'autorité imposante et le témoignage
de notre propre histoire.

DE L'IMPRIMERIE DE CATINEAU.

www.ingramcontent.com/pod-product-compliance
Lightning Source LLC
Chambersburg PA
CBHW061130050726
47594CB00005B/2176